David Richard.

PROGRAMME

DE QUELQUES

PRINCIPES D'ADMINISTRATION

PRATIQUE

DES MAISONS D'ALIÉNÉS,

PRÉSENTÉ A MM. LES MEMBRES DE LA COMMISSION DE L'ASILE DE STÉPHANSFELD (BAS-RHIN).

PAR

M. DAVID RICHARD,

DIRECTEUR.

———❦———

STRASBOURG,

IMPRIMERIE DE G. SILBERMANN, PLACE SAINT-THOMAS, 3.

1841.

PROGRAMME

DE QUELQUES

PRINCIPES D'ADMINISTRATION

PRATIQUE

DES MAISONS D'ALIÉNÉS,

PRÉSENTÉ A MM. LES MEMBRES DE LA COMMISSION DE L'ASILE DE
STÉPHANSFELD (BAS-RHIN).

MESSIEURS,

Dès que la direction de l'asile départemental de Stéphansfeld me fut confiée par M. le ministre de l'intérieur, je vou-
lus joindre à mes études antérieures sur les déviations de
l'intelligence humaine et sur les rapports intimes du physique
avec le moral, une expérience anticipée du régime administratif des maisons d'aliénés, soit en lisant ce qu'on a publié
sur celles de l'Angleterre et de l'Italie, soit en visitant les
principales de la France et de la Suisse. On m'avait prévenu
que, par suite de fâcheuses circonstances, Stéphansfeld n'a-
vait pas reçu son complément d'organisation, et que le pre-
mier devoir d'un nouveau directeur serait de proposer un
plan d'ensemble qui satisfît à toutes les exigences de semblables établissements. Je savais d'ailleurs que la dernière loi sur
les aliénés et l'ordonnance qui l'explique en la précisant, n'a-

vaient reçu presque partout qu'un commencement d'exécu-
tion, et je comprenais en conséquence que j'avais à chercher,
dans les asiles français, bien plutôt des points de vue, des in-
dications, qu'une tradition complète, que des modèles à sui-
vre rigoureusement. Aussi, tout en recueillant avec soin des
documents statistiques, et en étudiant les particularités administratives, ai-je principalement cherché à me pénétrer
des principes qui servent de guide aux directeurs et aux médecins des asiles publics ou privés les plus célèbres. Comme
les circonstances extérieures varient sans cesse, les établissements d'aliénés doivent nécessairement varier comme elles,
et aucun d'eux ne saurait être la servile copie d'un autre.

J'ai successivement visité dans le plus grand détail, près de
Paris, Charenton, la Salpétrière, Bicêtre, la Ferme-Sainte-
Anne et la maison d'Issy; à Rouen, l'asile départemental de
Saint-Yon; à Lyon, l'hospice de l'Antiquaille, la maison de
santé de Champvert et l'établissement des frères de Saint-
Jean-de-Dieu.

En Suisse, j'ai étudié la nouvelle maison d'aliénés de Ge-
nève, celle de Lausanne, celle du canton de Berne, la maison
de santé du professeur Tribolet près de cette dernière ville,
enfin l'ancien et le nouvel hôpital de Bâle. J'avais auparavant
observé attentivement un des principaux hospices d'aliénés
de la Toscane et les asiles de Bordeaux et de Cadillac, dans le
département de la Gironde. De l'examen oculaire, scrupu-
leux de ces divers établissements, de mes conversations avec
les médecins et les administrateurs qui les dirigent, de la
lecture enfin des ouvrages les plus saillants sur la matière, il
est résulté pour moi une conviction : c'est que tout ce qu'il y
a maintenant de raisonnable et de sage dans l'organisation des
asiles et dans le traitement des aliénés, peut, en grande partie,
être ramené à un petit nombre d'observations et de principes
fondamentaux. Pour plus de brièveté, j'ai cherché à les ex-
primer dans un série de propositions que je vais, Messieurs,
avoir l'honneur de soumettre à vos lumières. Les vues qu'elles
renferment, tous les efforts de M. le médecin en chef et les
miens tendent à les réaliser peu à peu dans les détails de l'ad-
ministration et du traitement des malades de Stéphansfeld.

1. Toutes les facultés de l'âme humaine, instincts, sentiments et intelligence, sont liés étroitement à l'organisation.

2. Tous les hommes ont au fond même nombre de facultés

fondamentales, et, en ce sens, ils sont semblables. S'ils diffèrent entre eux, c'est par le degré de développement ou d'activité de ces facultés qui leur sont communes.

3. Les circonstances fortuites ou préparées, une culture bien ou mal dirigée peuvent développer ou déprimer, perfectionner ou dépraver les diverses facultés de l'homme et en même temps les appareils nerveux qui en sont les instruments.

4. Les diverses espèces d'aliénation mentale doivent être considérées comme les autres maladies, c'est-à-dire comme intimement liées à des troubles et à des altérations organiques.

5. L'aliénation mentale suit la marche des autres maladies, et n'est pas plus incurable qu'elles, pourvu qu'on sache employer *à temps* les remèdes moraux et physiques convenables.

6. On doit se garder d'admettre légèrement l'incurabilité d'une aliénation mentale, car, en négligeant d'y consacrer ses soins et son observation, on pourrait laisser échapper des occasions précieuses de la guérir.

7. Des remèdes moraux qui modifient l'organisation, il n'en est pas de plus efficaces que ceux qui impriment au corps de nouvelles habitudes et une direction nouvelle aux organes cérébraux.

8. Lorsqu'il y a eu surexcitation de certaines facultés, il faut tout mettre en œuvre pour amener les instruments organiques de ces facultés au repos le plus complet possible.

9. Lorsqu'il y a eu atonie, inaction de quelques facultés, on ne doit rien négliger pour les remettre en activité, et ramener ainsi dans l'individu l'équilibre normal qui constitue la santé morale et intellectuelle.

10. Deux excellents moyens de calmer la surexcitation des facultés affectives ou intellectuelles, ce sont l'*isolement* et la *distraction* employés successivement ou simultanément suivant les circonstances. *Isoler un aliéné*, c'est moins lui infliger une solitude absolue, que l'éloigner de sa famille et rompre le cours de ses habitudes.

11. On peut combattre avec succès une passion désordonnée, en excitant des passions plus fortes, ou en ébranlant les instincts primitifs et fondamentaux, tels que ceux de la crainte, de la faim, de la soif, de l'amour de la vie.

12. La *société* et l'*exemple* sont, pour les aliénés comme pour les enfants et l'humanité en général, de puissants mobiles

d'activité et des barrières efficaces aux emportements des passions.

13. Certaines folies sont physiquement ou moralement dangereuses à rapprocher, tandis que d'autres, de nature contraire, peuvent avec succès être mises en contact. Dans le dernier cas, les aliénés se jugent souvent entre eux avec beaucoup de sagacité et de sévérité.

14. Le *travail*, le travail manuel surtout, solitaire ou commun, suivant les circonstances, est un des moyens de guérison les plus efficaces de l'aliénation, et l'usage d'outils aigus ou tranchants, quand il est dirigé avec prudence, est loin de présenter chez les aliénés tous les dangers qu'on en redoute.

15. La folie par suite d'excès de *travail intellectuel*, est plus rare qu'on ne le croit en général : aussi l'instruction scientifique, littéraire ou industrielle, peut-elle devenir souvent un excellent moyen de traitement, en mettant en jeu les principales facultés de l'intelligence qui sont les modératrices des instincts et des sentiments.

16. La relation qui existe entre les facultés instinctives, les facultés affectives et les facultés intellectuelles de l'homme, est tellement intime, qu'il suffit souvent du réveil des unes pour raviver et modifier profondément les autres.

17. De toutes les occupations manuelles, celles qui conviennent le mieux aux aliénés, ce sont les *occupations agricoles*. Le grand air, le spectacle des phénomènes naturels, la constance des lois qui les régissent, le calme des champs, la nature des mouvements auxquels on se livre, la transpiration qui en est la suite, la fatigue enfin qui les accompagne et qui amène le plus souvent un sommeil réparateur, tout est calculé pour raffermir la santé physique, rasséréner l'intelligence et les sentiments.

18. Le travail des aliénés indigents doit recevoir une rétribution alimentaire ou pécuniaire bien déterminée à l'avance. Tout ce qui ramène leur esprit aux idées de justice et d'ordre est d'un excellent effet. D'ailleurs c'est là un moyen d'entretenir entre eux le respect de la propriété, fondement de toute organisation sociale ; et l'on peut ainsi leur préparer quelques ressources pour le moment si critique de leur sortie.

19. Les aliénés ont, comme les autres hommes, plus même que les autres hommes, besoin de varier leurs occupations et leurs exercices et de se distraire par des promenades, des

lectures et des jeux. La fréquence des promenades extérieures a pour effet de diminuer leur désir de s'évader, en écartant l'idée d'une réclusion sans fin.

20. Les aliénés sont très-susceptibles d'*imitation* et d'*émulation*, et il est possible de les accoutumer au silence et d'organiser entre eux des exercices communs, tels que la marche en rang, la course, la récitation, le chant et la musique.

21. La plupart des aliénés n'oublient jamais complétement le principe de l'*autorité morale* et conservent une propension à se soumettre aux réglements dictés par une volonté équitable.

22. Il vaut toujours mieux être véridique avec les aliénés et leur signaler leur propre folie, quand ils la manifestent, que de les tromper par une adhésion simulée à leurs erreurs, ce qui aggraverait leur mal en le convertissant en habitude.

23. Les aliénés, alors même qu'ils semblent le plus absorbés ou le plus agités, sont très-sensibles aux procédés de ceux qui les entourent, et la vraie bonté a sur leur cœur un très-grand empire; on ne saurait donc trop veiller au choix des gardiens, des infirmiers, de toutes les personnes qui les approchent. Trop souvent de petites vexations ont exaspéré et rendu incurables des malades sur le point d'être guéris.

24. Avec les plus furieux d'entre les aliénés, l'*appareil de la force* dispense presque toujours de l'emploi de la force même.

25. Souvent le meilleur moyen d'apaiser un aliéné, c'est de le laisser exhaler sa fureur dans un lieu isolé, où il puisse s'agiter librement. Dans ce cas-là, le meilleur médecin, c'est l'*espace*.

26. Ce n'est qu'exceptionnellement, comme dans les cas de monomanie-suicide, de monomanie de meurtre ou d'habitudes vicieuses, qu'on peut se résoudre à gêner chez un aliéné la liberté des mouvements.

27. Les premiers mois, et surtout les premières semaines d'une aliénation, sont le temps le plus favorable pour la traiter : aussi les parents qui, par négligence, amour-propre ou faux scrupules, différent d'invoquer, pour un de leurs proches aliénés, les secours de la médecine, ont de graves reproches à se faire.

28. C'est partout avec une profonde répugnance que les familles avouent qu'elles ont un aliéné dans leur sein. D'un

autre côté, et par un préjugé injuste et cruel, le public poursuit de sa défiance et de sa défaveur les personnes mêmes qui ont été complétement guéries. La plus grande discrétion, le plus grand secret sont donc pour les administrateurs des asiles un rigoureux devoir de convenance, de prudence et d'humanité.

29. Il est très-difficile de trouver ailleurs que dans un établissement spécial pour les aliénés, les moyens d'isolement, de société, de traitement physique, de traitement moral, qui sont tour à tour indispensables à la guérison de la folie.

30. Nulle *situation* ne convient mieux pour un asile d'aliénés qu'une campagne spacieuse, éloignée des villes, placée à proximité des forêts et exposée à l'action libre des vents.

31. C'est un préjugé de croire que les aliénés ne doivent être logés qu'au *rez-de-chaussée*. Ce qui est vrai des épileptiques, des gâteux et de certains monomaniaques-suicides, ne saurait s'appliquer à tous. Une belle vue, un air sec et pur, l'obligation même de monter et de descendre, ont souvent les plus grands avantages.

32. Si les *aliénés riches* ont en général moins de chances de guérison que les aliénés pauvres, c'est que le plus souvent ils se refusent par amour-propre à tout travail manuel, et restent, par la volonté de leurs familles, dans un isolement trop grand.

33. En général, il vaut mieux faire coucher les aliénés dans des *dortoirs* communs que dans des chambres séparées ; car c'est là une habitude sociale qui leur inspire des égards mutuels et les maintient dans une certaine retenue.

34. Si chez quelques aliénés, il y a production extraordinaire de calorique interne et possibilité d'affronter des *froids* excessifs, ce n'est là qu'une exception. La plupart sont, au contraire, très-sensibles aux vissicitudes atmosphériques, et l'on ne saurait trop les prémunir contre les rigueurs de l'hiver.

35. Quelques aliénés refusent, il est vrai, avec obstination, toute espèce de nourriture, mais le plus grand nombre a un appétit très-vorace. Il faut donc bien se garder, dans les asiles publics ou privés, de trop réduire le *régime alimentaire*.

36. Dans un asile d'aliénés, les *bains* sont aussi indispensables, pour le traitement médical, que la cuisine pour le régime alimentaire.

37. L'impression d'épouvante que produisent sur les aliénés les *douches* ou les effusions d'eau froide ou tiède, tient particulièrement à ce qu'elles causent une sensation d'étouffement fort pénible. On doit craindre l'abus de cet énergique moyen de répression et n'en jamais abandonner l'emploi à des mains imprudentes ou inhabiles.

38. Les *bains de surprise*, autrefois fort prônés, sont presque partout abandonnés aujourd'hui. Ils ont pour effet de réveiller, par un danger apparent de submersion, l'instinct primitif de l'amour de la vie; mais la secousse qu'ils produisent est si forte, qu'on ne peut y recourir qu'avec la plus extrême réserve.

39. Il faut être circonspect à permettre des entrevues entre un aliéné et sa famille. Tout ce qui peut lui rappeler ses affections, ses antipathies, ses malheurs passés, doit être écarté quelque temps avec soin. Il vient ensuite une époque où les *visites* ont d'heureux résultats et servent de pierre de touche pour apprécier l'état moral du malade.

40. Souvent les *monomaniaques-suicides* ne veulent se tuer que pour se délivrer d'une terreur intérieure qui les poursuit. Il n'est pas rare qu'ils cherchent la mort de leur propre main, afin d'échapper à une mort imaginaire qu'ils croient les menacer. Pour les guérir, il ne faut quelquefois que susciter dans leur esprit une crainte réelle plus poignante que leur crainte fantastique.

41. Un asile d'aliénés doit présenter l'image d'une *monarchie* absolue, où règne cependant la justice. Les conflits d'autorité sont un spectacle dangereux pour le moral des malades, qui ont, avant tout, besoin de rattacher leurs pensées oscillatoires à une volonté unique.

42. Il n'est pas vrai que la folie soit un préservatif contre les autres maladies. La *mortalité* est relativement très-grande chez les aliénés. Outre l'affection cérébrale qui constitue principalement la folie, ils sont sujets à toutes les autres infirmités. Les asiles ont donc absolument besoin d'*infirmeries spéciales*, et les aliénés doivent y être entourés de toutes les précautions hygiéniques qui nécessitent impérieusement les grandes agglomérations d'hommes.

43. L'exercice du *culte religieux* peut beaucoup pour la guérison de certaines maladies mentales. Il en est d'autres où la religion doit s'abstenir, ou du moins ne montrer que ses con-

solations, en faisant taire ses rigueurs. Elle est alors pour l'esprit ce que serait pour un estomac malade, un aliment excellent, mais trop substantiel.

44. Il est difficile de remplacer dans les asiles publics d'aliénés les soins tendres et dévoués de certaines *communautés religieuses*, lorsqu'elles sont animées d'un véritable esprit de charité et de tolérance.

45. Quand un aliéné entre en *convalescence* et marche à sa guérison, il faut modifier les circonstances autour de lui, pour qu'insensiblement tout le ramène aux habitudes de la société où il va rentrer.

46. Un asile d'aliénés, destiné à toutes les classes de la société, doit autant que possible, dans les logements, dans l'alimentation, dans les conversations, dans les travaux, dans les promenades, dans les jeux, enfin dans tous les détails de la vie, offrir le reflet de ces diverses classes, et de la société même.

47. Les *visites officielles* et périodiques que la loi prescrit aux autorités administratives et judiciaires, pour constater l'état mental des aliénés et veiller à la liberté individuelle des citoyens, n'ont pas les inconvénients qu'on en redoutait. Elles peuvent devenir même, interprétées avec habileté, un excellent moyen de tranquilliser les malades qui réclament impérieusement leur sortie, quand ils se croient oubliés ou persécutés.

48. Il existe d'intimes rapports entre *le crime et la folie*, entre les maisons de détention et les asiles d'aliénés. Quelques médecins prétendent qu'il n'y a jamais folie sans faute ou délit préalable, et qu'il faut traiter les fous comme des criminels.

Selon nous, il faudrait bien plutôt, pour ne blesser ni la vérité, ni l'humanité, considérer les détenus comme une autre classe d'aliénés. Ne voit-on pas tous les jours les asiles d'aliénés servir de succursales aux maisons de détention et aux maisons centrales ?

49. Quand un aliéné est convalescent ou guéri, rien n'est plus important que de préparer le milieu où il va rentrer : les familles et la société ne sauraient montrer trop de sollicitude à cet égard. Il y aurait lieu d'étendre aux aliénés indigents guéris la belle institution des *sociétés de patronage*. Que de rechutes en effet causées par des dissensions domestiques ou par les angoisses de la misère !

50. Outre les *distinctions* que prescrivent entre aliénés les différences de sexe, de fortune et surtout d'éducation, il en est d'autres non moins indispensables. Les principales sont celles des maniaques furieux, des turbulents et des tranquilles, des enfants et des grandes personnes, des aliénés propres et des malpropres, des pudiques et des obscènes, des aliénés épileptiques, des idiots et enfin des convalescents.

51. On peut considérer comme un axiome administratif que, pour prospérer, les asiles publics d'aliénés qui reçoivent beaucoup d'indigents, doivent nécessairement être organisés sur une grande échelle et renfermer au moins quatre cents malades. Alors les frais généraux, répartis sur un grand nombre, sont relativement fort diminués. Alors on peut facilement établir toutes les subdivisions, toutes les améliorations que réclament les progrès de la science de l'homme et de la médecine.

52. Quoique les asiles publics d'aliénés soient primitivement destinés aux indigents, on peut et doit tendre à y recevoir aussi les malades riches. Non-seulement ceux-ci procurent à ces établissements des avantages qui permettent l'amélioration du sort des aliénés sortis des classes pauvres, mais encore les familles y trouvent, sur une grande échelle, des ressources que les établissements privés ne peuvent offrir que plus difficilement.

Énoncer les propositions précédentes, résultat de l'expérience, c'est vous avoir dit les principes sur lesquels, je le dis avec bonheur, M. le docteur Rœderer et moi, sommes pleinement d'accord; c'est vous avoir montré le but vers lequel nous voulons marcher en commun pour réaliser le plus tôt possible, à Stéphansfeld, les bienfaits que promet à la France la loi philanthropique de 1838 sur les aliénés. Nous osons compter, Messieurs, sur le bienveillant appui de vos lumières et de vos conseils.